EL PRIMER DIA DE CLASES

De RODOLFO VILLICANA

www.math2kids.com

Con este cuento podrá introducir de una forma divertida a sus alumnos a los números del 1 al 9. Cuento que tiene como fin que los niños conozcan la forma y el nombre de cada una de las unidades, y que además los niños se identifiquen con los números, ya que cada número en el cuento nos relata sus juegos y comidas favoritas.

Estoy muy emocionado y algo nervioso pues hoy
será mi primer día de clases. Conoceré a nuevos
amigos y también a mi maestra.

Me levanté más temprano que de costumbre, me bañé muy bien y me comí todo lo que mi mamá me preparó para desayunar. Salí pronto rumbo a la escuela. No quería llegar tarde ese día tan importante.

Camino a la escuela me encontré con mis amigas la número Cuatro y la número Dos, que también iban emocionadas al primer día de escuela.

Nuestra maestra nos saludó sonriente a cada uno
de sus alumnos y nos asignó el lugar en donde
debíamos sentarnos.

Todos sus alumnos estabamos muy sorprendidos y contentos por lo bonito y ordenado que estaba nuestro salón de clases.

La maestra nos dijo: " Aunque todavía soy una niña, yo seré su maestra de Matemáticas. Todos mis amigos me llaman Mily porque dicen que soy tan pequeña que parezco como de un milímetro. Juntos vamos a aprender muchas cosas importantes y divertidas ".

Mily nos dijo que para conocernos mejor cada número iba a presentarse. Y en su presentación iba a decir su nombre, su sobrenombre y lo que más nos gusta hacer. También nos dijo que mientras cada número se presentaba, ella nos iba a tomar una fotografía ".

Pronto me tocó mi turno y comencé diciendo : "Yo me llamo Uno y mis amigos me llaman el Peque porque dicen que soy un pequeño travieso. Lo que más me gusta es jugar béisbol con mis amigos y ver caricaturas en la televisión ".

Luego continuaron presentandose *el resto* de mis compañeros ... "Yo me llamo *Dos* y mis amigos me llaman la Inge porque dicen que soy *un poco* ingenua. Me gusta *también* jugar béisbol, soccer, y jugar a las comiditas".

"Yo me llamo Tres y mis amigos me dicen el Científico porque siempre ando inventado travesuras. Me gusta muchísimo hacer inventos, jugar soccer y jugar videojuegos con mis amigos".

"Yo me llamo Cuatro y mis amigos me llaman la Coque porque dicen que soy muy coqueta. Me encanta cantar y bailar. Me gustan también las malteadas de fresa y bañarme todos los días para verme limpia y oler bonito. A veces huelo tanto a flores que hasta las abejas me siguen".

"Yo me llamo Cinco y mis amigos me llaman el Explorador porque dicen que siempre me ando metiendo donde no me llaman. Me fascina descubrir cosas nuevas e ir de excursión al campo con mis amigos".

"Yo me llamo Seis y me dicen la Chistosa porque me gusta bastante contar chistes y porque siempre me ando riendo. Me gusta nadar, dibujar e ir de vacaciones al mar ".

"Yo me llamo Siete y mis amigos me dicen el Calladito porque no paro nunca de hablar. Me gusta jugar basketball, escuchar música y tener muchos amigos".

"Yo me llamo Ocho y mis amigas me dicen la Dulce, no se si es porque soy muy dulce con ellas o porque me gustan bastante los chocolates. Me gusta jugar volleyball y jugar con mis muñecas. También me gusta mucho comer pizzas ".

"Yo me llamo Nueve y mis amigos me dicen el Atlético porque soy muy alto y muy fuerte y me gustan todos los deportes. Me gusta hacer ejercicio y jugar futbol americano, e ir a los parques de diversiones con mi familia".

La maestra Mily al final de la clase decoró un pizarrón con el nombre y las fotos de cada uno de sus alumnos.

Mily
UNO
DOS
TRES
CUATRO
CINCO
SEIS
SIETE
OCHO
NUEVE

Al terminar la clase salimos todas las unidades a jugar beisball

FIN

Vocabulario de Matemáticas de este cuento

A cada	.-	A todos los del grupo.
Algunas	.-	Cantidad no definida pero pequeña.
Asignar un lugar	.-	Dar un lugar específico para cada cosa, cada quien en su lugar.
A veces	.-	En ocasiones.
Bastante	.-	Exageradamente mucho, abundante.
Cada número	.-	Todos los números del grupo.
Chiquita	.-	Muy chica, muy pequeña.
Día	.-	Tiempo que transcurre desde que sale el sol, se oculta y vuelve a salir.
Final	.-	Termino de algo, lo último.
Hoy	.-	El día actual que estamos viviendo.
Juntos	.-	Unidos, todos en conjunto.
Más	.-	Preferencia, superioridad, en mayor cantidad
Matemáticas	.-	Ciencia que mide y cuantifica la materia, el espacio, el tiempos y analiza sus relaciones.
Mientras	.-	Al mismo tiempo, durante.
Milímetro	.-	Unidad de medida de longitud que sirve para medir cosas muy pequeñas.
Muchas	.-	Bastantes, abundantes, numerosas.
Muchísimo	.-	En cantidad muy grande, exageradamente.
Mucho	.-	En gran cantidad.
Muy	.-	Bastante, grande, más.
Números	.-	Signos que representan una cantidad específica, cifras.
Nunca	.-	En ninguna ocasión, jamás.
Ordenado	.-	Que sigue un orden, todo está en su lugar.
Pequeño	.-	Chico, de tamaño menor.
Primer día	.-	Día uno, día inicial.
Primera vez	.-	Primera ocasión, nunca antes.
Principalmente	.-	Lo más importante, la mejor opción.
Pronto	.-	Sin perder tiempo, rápidamente.
Siempre	.-	Todas las veces, en todas las ocasiones.
Sobre todo	.-	Nada lo supera, nada lo puede mejorar.
También	.-	Además de, que incluye a otra cosa.
Tan	.-	Bastante, muy.
Todo	.-	El total, que no falta nadie ni nada.
Todos	.-	El total de los integrantes de un grupo.
Un poco	.-	En pequeña cantidad.

NIVEL DE LECTURA DE ESTE CUENTO
Cada niño aprende de diferente manera y a diferente velocidad

Lectura del cuento realizada por el maestro	PK-1

Lectura compartida Lectura de palabras repetitivas y lenguaje básico	NA
Lectores principiantes Lectura realizada por el estudiante de oraciones sencillas con palabras familiares	1
Lectura con ayuda: Lectura de oraciones largas y con poca ayuda	1
Lectura sin ayuda Lectura independiente y con oraciones y vocabulario mas complejo	1-2
Lector avanzado: Puede leer solo capíiulos completos	1-2

Otras Lecciones de Matemáticas de la colección de **Math** 2 kids

www.math2kids.com

OTROS TITULOS EN AMAZON

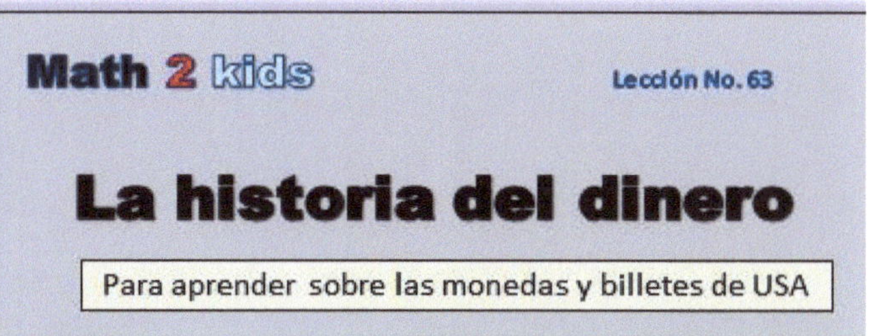

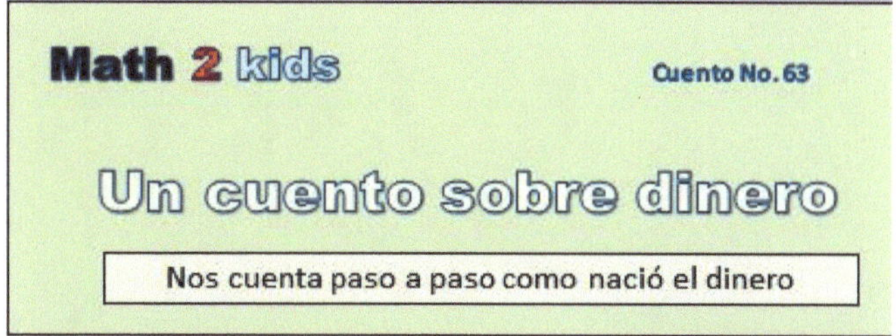

Gracias
por leer nuestros cuentos

Cada semana, durante el ciclo escolar, publicaremos una nueva lección de Matemáticas en Amazon en forma de e-book y en papel.
Agradecemos los comentarios que puedan hacer en Amazon.

Para obtener más información visite:

www.math2kids.com

E-mail

contact.math2kids.com